AF250408

L 7 K
4095

DISCOURS

PRONONCÉ

LE JOUR DE LA FÊTE DE LA TOUSSAINT 1840,

Par M. Farolet,

Curé de Saint-Pierre de Lisieux,

Dans lequel il engage ses paroissiens à concourir à
la restauration et à la décoration de l'église.

LETTRE

De Monseigneur l'Evêque de Bayeux.

NOTES

POUR SERVIR A L'HISTOIRE

DE L'ANCIENNE CATHÉDRALE

DE LISIEUX.

....

Ce recueil a été imprimé, à la demande de MM. les
membres de la Fabrique de l'église Saint-Pierre, pour
être adressé aux paroissiens et aux autres personnes
qui voudront bien contribuer, par leurs offrandes, à
la conservation et à l'ornement de l'unique monument
que possède la ville de Lisieux.

DISCOURS.

DISCOURS

PRONONCÉ

LE JOUR DE LA FÊTE DE LA TOUSSAINT 1840,

par

M. FAROLET,

Curé de Saint-Pierre de Lisieux,

Dans lequel il engage ses paroissiens à concourir à la
restauration et à la décoration de l'église.

LISIEUX,

IMPRIMERIE DE J. J. PIGEON,

Rue des Boucheries, 4.

—

1840.

DISCOURS

PRONONCÉ

LE JOUR DE LA FÊTE DE LA TOUSSAINT 1840,

Par M. FAROLET,

Curé de Saint-Pierre de Lisieux.

« Obtulerunt mente promptissimâ atque devotâ primi-
» tias Domino ad faciendum opus tabernaculi.

(EXOD., XXXV, 21.)

» *Les Israélites s'empressèrent d'offrir au Seigneur, dans*
» *un sentiment de piété, les prémices de leurs biens, pour*
» *servir à la construction du tabernacle.* »

Vous l'avez déjà compris, Mes Frères, c'est la cause de notre église que je viens plaider aujourd'hui devant vous.

Je voudrais n'être pas réduit à demander le denier de la charité pour la restauration et la décoration de la maison de Dieu. Mais ils ne sont plus ces jours où l'Eglise, après avoir satisfait avec luxe aux dépenses du culte, pouvait encore répandre d'abondantes au-mônes dans le sein de l'indigence !

Avant nos malheureuses dissentions, cette ville comptait un grand nombre d'édifices consacrés au culte de Dieu ; tous étaient richement pourvus des ressources nécessaires à leur entretien, à leur déco-ration, et à l'accomplissement des cérémonies reli-gieuses ; et, si les indigens qui vivaient alors pou-vaient sortir de leurs tombeaux, ils nous diraient que le Dieu qu'ils venaient y adorer, ne leur donnait pas seulement la nourriture spirituelle, mais leur prodiguait encore les secours temporels que l'âge, les infirmités, des revers, les forçaient de solliciter de la bienfaisance chrétienne.

Vous savez comment l'impiété, qui enviait depuis long-temps à Dieu l'abondance de sa maison, brisa les portes du sanctuaire, dépouilla les tabernacles, fit servir les ornemens sacrés à des usages profanes. Tandis que les ministres des autels erraient d'exil en exil, pleurant sur les malheurs de la Religion et de la patrie, l'abomination de la désolation régnait dans le temple du Seigneur.

Des jours plus sereins luirent enfin sur l'Eglise de France : les pasteurs revinrent de l'exil, et bientôt ils se virent de nouveau entourés de leurs troupeaux, dans ces mêmes temples que l'impiété avait profanés. Jésus-Christ rentra aussi dans son sanctuaire, et ceux de ses enfans qui s'étaient révoltés contre lui, qui avaient prétendu, dans leur délire insensé, effacer de la terre jusqu'au nom du Seigneur, se trouvèrent heureux de pouvoir verser des larmes de repentir devant ce même sanctuaire, où naguère ils avaient fait éclater leur colère contre le Ciel.

Plusieurs des fidèles qui m'entendent assistèrent à la première cérémonie chrétienne, par laquelle, après nos troubles révolutionnaires, cette église fut de nouveau sanctifiée et consacrée au culte du vrai Dieu. Dans quel état de dénuement elle était réduite ! Ce n'était plus cette église si riche, si brillante, toute parée des dons des pontifes, ses anciens pasteurs ; l'œil n'y rencontrait que des ruines ! C'est vous, Mes Frères, qui m'avez raconté comment on dressa, avec quelques planches, un autel pour y célébrer les saints mystères. Tel fut le trône sur lequel Jésus-Christ reçut alors vos hommages. Ce triste appareil ne rappelait-il pas l'étable de Béthléem, la crèche, le peu de paille sur lequel il reçut, à sa naissance, les adorations des bergers et des mages ?

Ici, Mes Frères, je dois rendre témoignage à la vérité. Le zèle du pasteur qui vint vous consoler après vos longs malheurs, fut puissamment secondé par votre pieux concours ; et, si cette église a recouvré quelques-unes des décorations qui font distinguer la maison du Seigneur d'une maison profane, c'est à votre générosité qu'elles sont dues.

Mais, hélas ! ces modestes ornemens, il faut déjà les remplacer ! Le temps, qui détruit tout, leur a enlevé, je ne dis pas seulement leur éclat, mais même cette décence rigoureuse, qui doit régner dans tout ce qui est employé au culte de la Divinité.

Je vous avoue, Mes Frères, qu'en entrant pour la première fois, comme pasteur, dans cette église, je fus effrayé de son état de pauvreté et de dénuement. J'eus besoin de me rappeler que, vingt-cinq ans auparavant, ce vaste édifice avait été donné au pasteur auquel je succédais, dépouillé de tous ses ornemens, sans autel pour le sacrifice, sans tribune

sainte ; n'ayant, pour rappeler son ancienne destination, que son style gothique et son caractère religieux.

Si le vénérable pasteur qui m'a précedé, me dis-je
à moi-même, a pu faire passer cette église de l'état
affreux où il la trouva, à l'état où je la vois aujour-
d'hui, pourquoi, puisque c'est Dieu qui m'envoie
comme il l'avait envoyé avant moi, pourquoi ne
concevrais-je pas l'espérance d'achever l'œuvre qu'il
a si bien commencée?

Il y a plus de douze ans, Mes Frères, que j'ai reçu
le titre de pasteur de cette paroisse, et j'avoue que
mon ministère a été fécond en consolations : il en
est cependant une que le Ciel n'a pas encore daigné
m'accorder : c'est celle de rendre à ce temple la
décence et l'éclat qui conviennent à la maison de
Dieu. Les autres églises de cette ville se sont embel-
lies comme par enchantement ; dans la nôtre au
contraire, nous avons vu, chaque jour, les plus
indispensables décorations se détruire ; celles mêmes
qui contribuent à la solidité de l'édifice se sont alté-
rées et tombent en ruines : encore quelques années,
et le voyageur qui entrera dans cette église, soit pour
y adorer Dieu, soit pour y visiter un monument de
la pieuse munificence de nos pères, sera tenté de
demander si elle a été rendue au culte ; si, depuis
les dévastations de la révolution, on y a célébré les
saints mystères, si elle a retenti de la parole sainte,
si elle a un pasteur, des fidèles ; si enfin on doit la

regarder comme une maison de prière, ou comme un édifice ouvert aux amis des arts, qui viennent y étudier l'architecture gothique et admirer le génie des anciens.

Pourquoi donc, Mes Frères, cette église si belle, d'une construction si régulière, seul monument de l'ancien évêché de Lisieux, vieillit-elle ainsi abandonnée à l'action destructive du temps? La foi serait-elle éteinte au cœur des habitans de cette paroisse? Ou bien le changement de pasteur aurait-il tari la source de ces dons généreux qui servirent, il y a trente-huit ans, à effacer les traces imprimées dans le sanctuaire par le passage de l'impiété?

Non, Mes Frères, je suis trop juste et trop reconnaissant pour concevoir de tels soupçons. La construction d'une sacristie, la restauration de nos précieux tableaux, l'achat d'un ostensoir, d'un ornement, et quelques autres acquisitions assez importantes, attestent votre zèle plein de foi pour l'honneur de la maison de Dieu, et votre attachement à votre nouveau pasteur. Il est plus conforme à la vérité d'expliquer l'état de pauvreté et de dégradation de l'ancienne cathédrale de Lisieux, par l'insuffisance de vos fortunes. Il suffit, en effet, de promener ses regards sur ces vastes voûtes, de les abaisser sur le sol, de les arrêter sur les autels, sur cette chaire, sur cette tribune privée de son orgue; de se présenter devant les deux portails, pour se convaincre qu'il n'est pas en votre pouvoir de rendre à cet édifice sa solidité, et les ornemens que le temps et la main des hommes lui ont enlevés.

Mais je m'aperçois qu'en voulant vous justifier, je m'expose à vous jeter dans le découragement. Faudra-t-il donc, me direz-vous, désespérer de voir s'accomplir une si belle œuvre, qui intéresse à la fois la Religion et l'art?

Non, Mes Frères, telle n'a pas été l'opinion des hommes éclairés qui veulent bien partager avec nous l'administration temporelle de cette église; et l'expérience a déjà prouvé la sagesse des moyens auxquels ils ont eu recours, pour sauver d'une ruine plus ou moins prochaine l'édifice confié à leur sollicitude. Apprenez donc, pour votre consolation, ce que nous avons fait et le succès que nous avons obtenu.

Il y a en France un certain nombre de monumens que l'on appelle *historiques*, parce qu'indépendamment de leur mérite intrinsèque, ils se rattachent à l'histoire par leur style, leur antiquité, leur ancienne destination, leur liaison avec certains faits importans, et la vie de certains personnages fameux dans les annales de la nation. Ces monumens ne peuvent périr par l'action du temps et les méprises des hommes; car l'Etat pourvoit à leur conservation, en venant au secours des administrations locales, dont il surveille les travaux.

L'ancienne cathédrale de Lisieux méritait, à tous ces titres, d'être classée parmi ces monumens: nous l'avons demandé, et notre demande a eu un plein succès. Notre belle église est aujourd'hui regardée par l'Etat comme un monument historique. Déjà même une légère somme, provenant du ministère de l'intérieur, a été allouée à la fabrique, pour commencer les réparations les plus urgentes.

Nous sommes donc certains que l'église de Saint-Pierre de Lisieux, qui compte plus de six cents ans d'existence, ne périra pas. Elle dira encore à de nombreuses générations après nous, que notre ville fut le siége d'un des plus beaux évêchés de France ; elle dira les vertus, la science, le zèle éclairé et les utiles institutions de ses pontifes ; les inspirations si admirables de l'art chrétien, et la généreuse piété de nos pères, qui contribuèrent de leur argent, peut-être de leur travail, à élever ce beau temple à la gloire de Dieu. Disons plus, et je le dis avec confiance : elle sera restaurée.

Gardons-nous toutefois de nous faire illusion sur l'étendue des avantages qui résultent pour nous du classement de notre église parmi les monumens nationaux. Ce privilége ne nous dispense pas entièrement du soin de la restaurer, de la conserver et de l'embellir ; il nous assure seulement un secours ; et ce secours, sachons-le bien, sera toujours proportionné aux sacrifices des administrations locales et des habitans. L'allocation dont je viens de vous parler ne doit être considérée par nous que comme un encouragement, comme une preuve de l'intérêt que notre église inspire à la commission des monumens historiques, et par conséquent à l'Etat, dont elle est l'organe. Ce sont des arrhes qui nous garantissent des secours plus abondans pour l'avenir, si nous apportons nous-mêmes à cette œuvre un généreux concours.

Je ne puis en douter, Mes Frères, vous vous montrerez dignes de la faveur qui vient de nous être accordée ; vous comprendrez surtout qu'il ne s'agit pas seulement de la réparation d'un autel, de l'appropriation d'une chapelle à l'usage d'une confrérie, de l'acquisition d'un meuble, de voiler des dégradations sous des couches de peinture plus ou moins en opposition avec les règles de l'art, mais d'un travail complet, qui rende à l'édifice sa solidité, les ornemens qui entrent dans le plan de sa construction, un mobilier qui soit en harmonie avec le style du monument, et d'effacer entièrement les erreurs que ne purent éviter les administrations précédentes, abandonnées à leurs trop faibles ressources.

Oui, Mes Frères, oui, vous répondrez chacun selon votre pouvoir à l'appel de votre pasteur : votre foi, votre piété nous en sont un sûr garant ; car loin de moi la pensée de vous dire uniquement : Ne nous laissons pas vaincre en générosité par nos voisins : notre église l'emporte sur les autres églises de cette ville par sa grandeur, son antiquité, le mérite de sa construction, sa forme monumentale, ses souvenirs ; faisons aussi qu'elle ne le cède à aucune autre par sa bonne tenue et par le luxe de ses décorations. Ce serait m'adresser à votre vanité, ce serait vous faire injure. J'oublie même qu'il y a parmi mes auditeurs, des amis des arts et des citoyens jaloux de la gloire de notre ville, auxquels il me suffirait de dire, pour exciter leur zèle : notre monument remonte jusqu'à l'invention de l'élégante et mystérieuse ogive ; son style est le gothique grave de la fin du XIIe siècle, et le gothique à la fois élégant et pur, le gothique classique du XIIIe siècle ; ses nombreuses apophyses, loin de défigurer le plan primitif, le complètent au contraire, et lui donnent une nouvelle splendeur ; ses ornemens intérieurs distribués avec sobriété, sont d'un fini qui fixe l'attention des connaisseurs de bon goût, et les voyageurs s'arrêtent pleins d'admiration devant ses portails, qu'ils dessinent sur leurs tablettes. Je veux me souvenir uniquement que je parle dans la chaire chrétienne, à un peuple réuni au nom de la Religion. Oui, Mes Frères, votre foi et votre piété nous sont un sûr garant de votre généreux concours à une œuvre si éminemment religieuse.

Quand Moyse construisit le tabernacle, il s'adressa à toutes les tribus d'Israël, et aussitôt, comme vous l'a révélé mon texte, l'or, l'argent, les pierres précieuses, la pourpre, la dépouille des animaux, tout fut sacrifié par la piété du peuple, et consacré à la construction et à l'ornement du sanctuaire. Les femmes, de tout temps si jalouses de leurs riches parures, vinrent elles-mêmes déposer aux pieds de Moyse leurs superbes colliers, leurs pendans d'o--

reilles, leurs bagues, leurs bracelets. L'empressement fut si grand, les dons si abondans, qu'il fallut bientôt défendre de faire de nouvelles offrandes.

Nous sommes loin de vous demander de tels sacrifices. Une partie de votre superflu, de ce que vous destinez à votre luxe ou à vos plaisirs; tout au plus une faible part dans vos économies : voilà ce que nous réclamons de votre piété. Nous ne nous proposons plus, comme Moyse, de construire et d'orner une tente uniquement destinée à contenir l'Arche d'Alliance; mais de restaurer et d'orner un temple bien plus saint, un sanctuaire habité par la divinité même, un tabernacle où Jésus-Christ a fixé sa demeure. O vous dont les maisons resplendissent d'or et d'argent, oui, vous serez touchés de l'état de dégradation et de dénuement de la maison de Dieu; vous ne souffrirez pas que les pierreries dont vos mains sont chargées, qui brillent sur vos habits lorsque vous venez aux pieds des autels rendre vos hommages au Dieu trois fois saint, contrastent plus longtemps avec la pauvreté qui règne dans son sanctuaire; et vous qui vivez de votre travail ou du léger produit d'un faible commerce, vous apporterez aussi votre modique offrande.

Je m'arrête ici, Mes Frères, et je termine cette allocution en vous exprimant tout le bonheur que nous goûtons aujourd'hui au milieu de vous. Les consolations, comme les peines, doivent être communes entre le Pasteur et le troupeau.

La Pâque nous avait confirmés dans la consolante

persuasion où nous étions déjà, que la foi était loin d'être éteinte parmi nous; la solennité de ce jour a été comme une autre Pâque; les mêmes miracles de grâce se sont renouvelés, et nous ont fait goûter les mêmes consolations. Les pécheurs qui avaient quitté les sentiers du vice nous ont donné des preuves non équivoques de leur persévérance : plusieurs, que la grâce n'avait qu'ébranlés, ont enfin cédé à la grâce: les tribunaux de la pénitence ont été fréquentés, et, comme au jour de la Pâque, nous avons vu la foule se presser à la table du Seigneur.

L'avenir, Mes Frères, nous l'espérons, répondra au passé. Et comment pourrai-je en douter, lorsque je vois autour de cette chaire, recueillant avec une religieuse attention les paroles de leur pasteur, presque tous les habitans de cette nombreuse paroisse; lorsque je vois, réunis au pieds des autels, le riche et le pauvre, le magistrat et le fidèle ignoré, célébrant ensemble le triomphe de l'église du Ciel!

Soyez mille fois béni, ô mon Dieu! Oui vous enlevez chaque jour à l'impiété quelques-unes de ses conquêtes; vous ramenez sans cesse au bercail des brebis égarées; vous effacez les traces de nos anciens malheurs. Continuez votre ouvrage, ô Dieu de miséricorde! Mettez le comble à vos bontés. Puissent les actions de grâces que nous vous rendons en ce jour, monter au Ciel comme une nouvelle prière, et nous obtenir de nouvelles faveurs!

LETTRE

De Monseigneur l'Evêque de Bayeux.

Bayeux, *le* 17 *novembre* 1840.

Monsieur et cher Doyen,

J'ai lu avec le plus vif intérêt l'excellente exhortation que vous avez adressée à vos paroissiens, sur les réparations à faire à l'antique Cathédrale de Lisieux.

Je vois dans votre discours un pasteur embrâsé d'un saint zèle pour la gloire de la maison de Dieu ; et je ne doute pas que ce feu sacré ne se communique à toutes vos ouailles, à mesure que seront propagées, par la voie de *l'impression,* des paroles si propres à l'allumer.

Je connais trop les sentimens religieux de vos paroissiens, et le sincère attachement qu'ils vous ont voué, pour n'être pas convaincu qu'ils s'empresseront de répondre à votre appel, et que vos efforts seront couronnés d'un plein succès.

Recevez, Monsieur et cher Doyen, la nouvelle assurance de mon invariable attachement.

† **L. F.,** *év. de Bayeux.*

NOTES

POUR SERVIR A L'HISTOIRE

DE L'ANCIENNE

CATHÉDRALE

DE LISIEUX.

LISIEUX,

IMPRIMERIE DE J. J. PIGEON,

Rue des Boucheries, 4.

—

1840.

NOTES

POUR SERVIR A L'HISTOIRE

DE L'ANCIENNE

CATHÉDRALE

DE LISIEUX.

HHERBERT, évêque de Lisieux, occupa ce siége 1022-1049. depuis l'an **1022** jusqu'à l'an **1049**. Ce fut lui qui jeta les fondemens de l'église Saint-Pierre; mais il ne put l'achever : *Ecclesiam Sancti Petri Lexoviensis cœpit ædificare, sed non potuit consummare* (1).

Elle fut terminée par son successeur, Hugues d'Eu, qui l'orna et en fit la dédicace : *Sancti Petri ecclesiam à prædecessore inchoatam, perfecit, ornavit atque dicavit* (2).

En **1055**, un concile des évêques de la pro— 1055. vince eut lieu à Lisieux; il fut présidé par Hermenfroi, évêque de Sion en Valais, légat du pape Léon IX. Dans ce concile, Mauger, archevêque de Rouen, fut déposé. On pense que l'évêque Hugues profita de cette circonstance pour faire la cérémonie de la dédicace de sa cathédrale, et que cette cérémonie eut lieu devant les pères du concile (3).

En **1077**, le tonnerre tomba sur la cathédrale de 1077.

---

(1) *Gallia christ.*, t. XI, p. 766. — (2) *Ibid.*, p. 768.
(3) *Litanies de la Charité de Thiberville*, p. 181.

Lisieux, abattit la croix du clocher du chœur, et fit beaucoup de dégâts dans l'église (1).

On trouve, dans Ordéric Vital, des détails pleins d'intérêt sur cet événement (2). Nous donnons ici la traduction de ce passage, extraite d'une édition publiée pour la première fois en français, en 1826, par M. Guizot :

« Comme les hommes sans expérience se laissent
» trop séduire par le leurre de la prospérité, et que,
» sous le souffle variable de l'infortune, ils sont
» facilement agités çà et là comme de frêles roseaux,
» Dieu, modérateur de toutes choses, a eu soin de
» mêler le bien avec le mal, pour rabattre et régu-
» lariser salutairement les entreprises mobiles des
» mortels. Aussi, pendant que le roi Guillaume
» éprouvait un grand orgueil des pompes de ce siècle,
» et que le peuple de Normandie se livrait à un luxe
» extraordinaire, et ne prévoyait pas ce qui pou-
» vait, par la suite, résulter d'un tel amas de crimes;
» tout-à-coup un terrible fracas de tonnerre retentit
» dans le sanctuaire de la cathédrale de Lisieux, et,
» sous les coups redoublés de la foudre, le peuple
» fut renversé sur le pavé du temple. Un certain jour
» de dimanche, comme on célébrait, le matin, les
» mystères de la sainte messe, et qu'un prêtre mitré,

---

(1) *Almanach de Lisieux pour l'année* 1787, publié sous le patronage de l'évêque de Lisieux.

(2) *Ordéric Vital*, liv. v, p. 507 de la nouvelle édition latine, aujourd'hui sous presse.

» nommé Herbert, se trouvait à l'autel, il parut
» tout-à-coup un éclat très-brillant, qui fut à l'ins-
» tant suivi d'un bruit formidable et d'une forte
» détonation. La foudre atteignit, brisa et renversa
» la croix qui était sur la tour, puis descendit effroya-
» blement dans l'église, tomba sur le crucifix, lui
» frappa les pieds et les mains, et arracha d'une
» manière singulière les clous de fer de la croix.
» Un brouillard ténébreux aveugla l'assistance épou-
» vantée; une flamme étincelante parcourut l'édi-
» fice, et tua huit hommes et une femme. Elle brûla
» la barbe et les cheveux des hommes et des femmes,
» et répandit partout la plus fétide odeur. Une
» femme, nommée Marie, resta, non sans un grand
» effroi, dans un coin de l'église, et vit tout ce peuple
» comme inanimé, étendu sur le pavé. Cet événe-
» ment arriva avant la Nativité de saint Jean-Bap-
» tiste (1). »

En 1136, Geoffroy, comte d'Anjou, accompagné 1136.
de Guillaume, duc de Poitiers, pénétra en Normandie avec une nombreuse armée.....

« Lorsqu'on célébrait la fête de l'archange saint
» Michel, » dit Ordéric Vital, « l'armée ennemie
» chercha à assiéger Lisieux : comme elle marchait
» en hâte vers cette ville, Galeron, comte de Meulan,
» et quelques autres seigneurs normands, chargèrent
» Allain de Dinan de défendre la ville avec une cou-
» rageuse garnison. Eux-mêmes sortirent, pour aller

(1) Tome II, p. 298.

» chercher au dehors du secours aux assiégés.....
» Les Bretons et les autres soldats qui devaient dé-
» fendre la ville, ayant vu de loin une multitude
» d'ennemis, furent saisis d'épouvante.....; ils mirent
» le feu à la ville qui leur était confiée, la brû-
» lèrent..... Les Angevins ne purent, à cause de la
» violence du feu, s'approcher de la place, ni lui
» livrer aucun assaut (1). »

A la suite de ce passage, Ordéric Vital raconte comment les Angevins, à leur retour de Lisieux, incendièrent l'église et le bourg de Saint-Pierre du Sap : *Tunc ibi ecclesia Sancti Petri, cum totâ villâ concremata est.* C'est donc par erreur que Galli-Knight, dans son *Voyage archéologique*, fait en Normandie en 1836, applique ce texte à l'église et à la ville de Lisieux.

1141-1182. Il est certain, cependant, que la cathédrale de Lisieux fut détruite par l'incendie de 1136. En effet, d'après le *Gallia christiana*, Arnoult, évêque de Lisieux, qui gouverna cette église depuis 1141 jusqu'à 1182, écrivit au pape Célestin II, en 1143, pour le complimenter sur son élection, ne pouvant se rendre en personne près de lui, parce qu'il était alors très-occupé à s'affermir dans les bonnes grâces du nouveau prince, à rétablir les ruines de son église et de sa maison, et à rendre les derniers devoirs à ses proches : *Quod in asserendâ sibi recenti novi principis gratiâ, resarciendis ecclesiæ et domûs suæ rui-*

---

(1) *Ordéric Vital*, t. IV. — Traduct. *id.*, liv. XIII, p. 476.

*nis..... occupatus per se non potuit, per epistolam
Celestinum II post Innocentem electum summum Pontificem, convenit* (1).

Le rétablissement de l'église de Lisieux par l'évêque Arnoult ne saurait être révoqué en doute ; car Robert de Thorigny, abbé du mont Saint-Michel, auteur contemporain, mort en 1186, s'exprime en ces termes sur ce fait : Arnoult, évêque de Lisieux, après avoir gouverné cette église pendant quarante ans, après avoir construit l'église et un très-beau palais, renonça à l'épiscopat : *Arnulphus Lexoviensis episcopus, cum per 40 annos eamdem ecclesiam rexisset, in ædificando ecclesiam et pulcherrimas domos laborasset, renuntiavit episcopatui* (2).

Du reste, c'est à tort qu'on avait invoqué, à l'appui du rétablissement de l'église de Lisieux par l'évêque Arnoult, cette épitaphe qu'on lisait sur son tombeau :

HOC TEMPLUM JUNCTÆQUE ÆDES SUNT PRÆSULIS OLIM
ARNULPHI ANTIQUUM LEXOVIENSIS OPUS.

Cette épitaphe ne prouve absolument rien, vu qu'elle se lit sur la tombe de l'évêque Arnoult, dans l'église des chanoines de Saint-Victor de Paris, près de l'autel Saint-Denis, église qui avait été enrichie des dons du prélat. Si Galli-Knight eût lu avec attention le *Gallia christiana*, qu'il invoque lui-même sur ce fait, il n'eût point appliqué cette épitaphe à l'église de Lisieux, et se fût épargné la peine d'en combattre la prétendue autorité.

---

(1) *Gall. christ.*, tome XI, p. 775. — (2) *Ibid.*, p. 778.

Cependant on ne peut accorder à Arnoult l'honneur d'avoir construit dans son intégrité l'église actuelle ; car, dit Masseville (1), « l'église de Notre-Dame de Lisieux (la cathédrale) fut augmentée et achevée vers la fin de ce siècle, par Jourdain du Houmet, son évêque. »

A l'appui de cette opinion, on peut invoquer le témoignage du *Gallia christiana*, qui rapporte ces paroles d'une chronique normande : « Jourdain, » évêque de Lisieux, qui gouverna cette église pen-» dant près de dix-sept ans, l'augmenta considéra-» blement et l'enrichit, mourut dans le pays d'outre-» mer, et y fut enseveli (**1218**) : » *Obiit Jordanus episcopus Lexoviensis in partibus transmarinis, ibique sepultus est, qui ecclesiam Lexoviensium rexit ferè annis 17, et multùm accrevit et ditavit eamdem* (**2**).

1226. En **1226**, sous l'épiscopat de Guillaume du Pont-de-l'Arche, l'église de Lisieux fut brûlée, *Igne combusta est Lexoviensis ecclesia* (3). Le même évêque, en 1233. **1233**, fonda les chapelles de Saint-Ouen, de Saint-Gilles et de Saint-Loup, et son frère dota la chapelle de Saint-Ursin dans l'église de Lisieux : *Fundavit capellam S. S. Audoeni, Ægidii et Lupi; ejus verò frater dotavit capellam sancti Ursini in ecclesiâ Lexoviensi* (4).

La chapelle dédiée à Saint-Ursin est une des trois

---

(1) *Histoire de Normandie*, tom. II, p. 213.

(2) *Gall. Christ.*, tome XI, p. 782. — (3) *Ibid.*, t. XI, p. 782. — (4) *Ibid.* page 782.

chapelles de l'abside, celle qui termine le collatéral sud. L'église actuelle, à l'exception des additions au dehors du plan principal, dont nous parlerons plus tard, était donc entièrement construite en 1233, sept ans après l'incendie arrivé en 1226.

Est-ce à dire que l'église primitive ayant été entièrement détruite par les flammes, l'église actuelle a été rebâtie dans son intégrité par Guillaume? Non assurément : après comme avant l'incendie, elle fut l'œuvre d'Arnoult et de Jourdain du Houmet. Voici comme nous nous croyons autorisés à répartir entre ces deux prélats et Guillaume, les diverses constructions par lesquelles l'édifice a été complété et restauré.

La porte principale du portail, l'intérieur du grand portail, la nef principale jusqu'au transept, les collatéraux de la nef, le transept, les latéraux du transept, sauf la croisée du midi, les deux premières travées du chœur, le portail de la rue du Paradis, à l'exception des deux éperons, de l'arc et de la galerie supérieure, sont l'ouvrage d'Arnoult.

Il suffit en effet de promener ses regards sur cette division de l'édifice, pour prononcer qu'elle a été construite d'un seul jet et par le même architecte; et quiconque lira l'histoire normande de cette époque, se convaincra facilement, qu'Arnoult, qui siégea à Lisieux pendant 41 ans, qui joua un si grand rôle dans les affaires de l'Eglise et de l'Etat, qui jouissait au plus haut point de la confiance de Henri II, roi d'Angleterre, alors maître de la Normandie, prince dont le mariage avec Eléonore, avait été célébré dans sa ville épiscopale, et auquel il rendit de si éminens services, eut toute la capacité, le temps et les ressources nécessaires pour commencer et conduire à fin cette grande entreprise.

Si l'on objectait, avec Galli-Knight, que l'architecture ogivale n'était pas, au temps d'Arnoult, arrivée au point de perfection que suppose l'église de Lisieux, nous répondrions que telle n'est pas l'opinion de tous les archéologues; qu'il ne faut pas oublier que le corps de l'église est de deux époques bien marquées, dont l'une est postérieure à Arnoult; que ce prélat était en position d'appeler les architectes les plus avancés et les plus habiles; nous rappellerions que la construction de l'église actuelle était accomplie en 1233, c'est-à-dire 7 ans après l'incendie de 1226, et que, par conséquent, il faut de deux choses l'une : ou que les flammes aient épargné l'œuvre d'Arnoult et celle de Jourdain du Houmet, sauf peut-être les parties en bois, ou que l'édifice tout entier ait été construit, dans l'espace de sept ans, par un évêque qu'un incendie était venu surprendre au moment où il y pensait le moins; et, si l'on admettait cette dernière supposition, tout improbable qu'elle est, nous prierions les auteurs de l'objection de nous expliquer comment l'architecture d'une partie du chœur et de l'abside diffère de celle de la nef, et répond à une époque évidemment plus rapprochée de nous; nous demanderions enfin pourquoi l'histoire, qui attribue à l'évêque Guillaume l'érection de trois chapelles, ne parle pas du rétablissement intégral de l'église, fait bien autrement important, et bien plus digne de l'histoire.

Mais abandonnons une discussion qui nous paraît inutile, et continuons le récit que nous avons interrompu.

Les portes latérales du portail principal et les tours qui les dominent, sauf la pyramide, le chœur, à partir de la deuxième travée exclusivement, les collatéraux correspondans, l'abside, les deux chapelles circulaires de l'abside, la lanterne, les voûtes du transept, de la lanterne et du chœur, sont l'œuvre de Jourdain du Houmet ; Guillaume n'aurait fait que restaurer l'édifice après l'incendie arrivé sous son épiscopat; l'histoire, en effet, ne nous autorise pas à lui donner une plus grande part dans la construction de l'édifice.

En 1267, Fouques d'Astin, évêque de Lisieux, fut 1267. enseveli dans le chœur à gauche du maître-autel, sous une tombe d'airain que fit Guillaume de Plalliaque : *Obiit... sepulturam nactus in choro Lexoviensis ecclesiæ, ad lævam majoris altaris, sub tumbâ æneâ quam fecit Guillelmus de Plalliaco* (1). D'où Galli-Knight conclut, avec raison, que l'érection de l'église actuelle doit, *au moins,* dater du commencement de cette même année 1267 : nous venons de voir en effet qu'elle fut ter-

______

(1) *Gallia christ.*, tom. XI, page 783.

minée pendant la première partie de ce siècle.

1285-1298.	Guillaume d'Asnière qui gouverna l'église de Lisieux depuis 1285 jusqu'à 1298, construisit dans l'évêché une chapelle qu'il dédia à Saint-Paul : *Struxit capellam sancti Pauli in œdibus episcopalibus* (1). Elle a été détruite en 1835, et remplacée par une caserne pour la gendarmerie.

Il est probable, dit encore Galli-Knight, que cet évêque n'aurait pas entrepris un ouvrage aussi considérable, si la cathédrale avait encore été incomplète.

1367.	En 1367. le chapitre de la cathédrale permit à l'évêque Adémare de placer à l'entrée du chœur un tronc, pour recevoir les offrandes des fidèles, afin de réparer, au moyen de ces offrandes, l'église qui menaçait ruine : *Capitulum... unum truncum ad ingressum chori permisit Ademaro, pro recipiendis oblationibus fidelium, ad reparandam minitantem ecclesiam* (2).

1372.	En 1372, Alphonse Chévrier, évêque de Lisieux, eut des différens avec le chapitre, au sujet de la réparation de l'église, sur lesquels différens il intervint un jugement le 30 octobre : *Dissidia habuit cum capitulo de reparandâ Ecclesiâ, de quibus judicium intervenit 30 octobr.* (3).

1376.	Il est probable que le jugement ne termina pas la querelle, car en 1376, Richard de Harcourt, doyen du chapitre, fit une transaction avec l'évêque Alphonse touchant la réparation de l'église : *Ricardus*

---

(1) *Gall. christ.*, t. xi, p. 784. — (2) *Ibid.*, p. 787. — (3) *Ibid.*, p. 788.

*de Harcourt transegit cum Alfonso Episcopo pro repa-
randâ ecclesiâ* (1).

Pierre Cauchon, si fameux par le triste ministère 1432-1442.
qu'il remplit dans le procès de Jeanne-d'Arc, fut trans-
féré au siège de Lisieux en 1432, et il l'occupa jusqu'en 1442, époque de sa mort. Il fut enseveli, dit le
Gallia-Christiana, dans la cathédrale de Saint-Pierre
de Lisieux, où il avait bâti la chapelle de la Sainte-
Vierge : *Tumulatus est Lexoviis in æde cathedralis Sancti
Petri... in quâ sacellum Beatæ Mariæ Virginis ædifica-
verat* (2). Cette chapelle porte en effet le type des constructions religieuses du XVe siècle. La tradition rapporte que Pierre Cauchon érigea cette chapelle en ex-
piation de l'injuste sentence à laquelle il avait concouru.

Un jugement de l'officialité de Rouen, rendu en 1452.
1452, accorda à Thomas Bazin, évêque de Lisieux,
une part dans la succession de son prédécesseur Pas-
quier, pour être employée à la réparation de l'église
de Lisieux : *Thomas Bazin nonnulla obtinuerat de hæ-
reditate Pasquerii decessoris, ad reparandam ecclesiam
Lexoviensium, sententiâ ab officiali Rotomagensi latâ* (3).

En 1494, Etienne Blosset de Carouges envoya le tré- 1494.
sorier de la fabrique faire une quête pour la réparation de l'église : *Stephanus Blosset de Carouges misit,
anno 1494, fabricarium ecclesiæ ad corrogandam pecu-
niam pro reparandâ ecclesiâ* (4). Cet évêque mourut
en 1505.

---

(1) *Gall. christ.*, t. xi, p. 810. — (2) *Ibid.*, p. 794. — (3) *Ibid.*,
p. 795. — (4) *Ibid*, page 799.

La partie de l'église qui menaçait ruine était la partie sud du transept. Le mouvement se faisait sentir depuis le portail si intéressant qui le termine, jusqu'à la lanterne ou dôme. Tous les travaux de fortification faits au portail du transept, sont donc du 15e et du 16e siècles.

1553. En 1553, la tour de l'église s'écroula et causa, par sa chute, des dégats à l'édifice. Ce fut Jacques d'Annebault, cardinal, évêque de Lisieux, qui fit les frais de la reconstruction. Il y consacra son fief de la Gouyère, qu'il donna pour cette fin à la fabrique
1555. en 1555. *Eodem anno* (21 décembre 1555), *dedit fabricæ feodum de la Gouyère, ad reparandam ecclesiæ turrim quæ ceciderat et ecclesiam læserat mense Martio* 1553 (1).

Nous sommes portés à croire que cette tour, qui fut relevée par les soins de Jacques d'Annebault, est la flèche qui surmonte le clocher sud, et que le clocher nord n'a jamais eu de flèche. En effet, le texte que nous venons de citer ne dit point qu'*une des tours*, mais que *la tour* de l'église tomba; ce qui autorise à supposer qu'elle était unique. Or on ne peut pas dire qu'il n'y avait alors qu'un clocher, puisque les deux qui existent actuellement sont antérieurs à cette époque. Il faut donc traduire le mot latin *turrim* par le mot *flèche*, et l'entendre de l'unique flèche qui surmonte le clocher sud. (5)

(1) *Gallia christ.*, tom. XI, p. 801.

[illegible] cette tour a été reconstruite, [illegible] en 15[illegible].

En 1677, Léonore II de Matignon embellit l'église 1677.
par diverses décorations : *Leonorius II de Matignon
ecclesiam variis decoravit ornamentis* (1).

En 1745, Henri-Ignace de Brancas décora la cha- 1745.
pelle de la Sainte-Vierge : *Henricus Ignatius de Brancas sacellum Beatæ Mariæ decoravit* (2).

Les sources où nous avons puisé les documens historiques qui précèdent ne nous ayant fourni aucun
renseignement certain sur la construction des chapelles qui environnent la nef, nous nous hasardons à
leur assigner les époques suivantes.

Toutes les chapelles du côté de l'Evangile sont de
la fin du XIIIe siècle et du commencement du XIVe,
sauf les meneaux et les tracés de la deuxième et de
la troisième croisée, qui ont été reconstruits depuis
la fondation, et qui appartiennent au XVe ou XVIe
siècle.

Les quatre premières chapelles du côté de l'Epître
sont de la fin du XVe siècle, sauf la croisée de la
première, qui est récente.

Les cinquième et sixième sont de la fin du XIVe
siècle, à l'exception de la fenêtre de la cinquième.

La salle capitulaire a été bâtie en même temps que
les deux chapelles suivantes; on en a formé vers
1804, deux chapelles sans style : ce sont les deux
dernières de ce côté.

Nous bornons ici nos recherches, et nous faisons

---

(1) *Gall. christ.*, tom. XI, page 808. — (2) *Ibid.*, page 809.

des vœux pour qu'un monument si ancien (1), si riche en souvenirs, si régulier dans son plan ; un monument d'une exécution si pure, si grave et à la fois si élégante, qui a mérité d'être classé parmi les monumens historiques, ne soit pas plus longtemps abandonné à l'action destructive du temps, et recouvre bientôt son ancienne splendeur.

---

(1) L'église Saint-Pierre est l'édifice le plus ancien que possède la ville de Lisieux : l'église Saint-Jacques a été consacrée le 1er juin 1540 ; celle de Saint-Désir a été commencée en 1684.